UNSERE VORFAHREN

Der große französische Paläontologe Yves Coppens
erzählt in drei Büchern die Geschichte des Menschen.
Dies ist das dritte. Die beiden ersten heißen:

DIE GESCHICHTE DER AFFEN
und
DAS LEBEN DER FRÜHEN MENSCHEN

Nils Manuel Mora

YVES COPPENS

UNSERE VORGESCHICHTE
Der Weg des Menschen in die Kultur

MIT BILDERN VON
SACHA GEPNER

Aus dem Französischen von Ilse Rothfuss

Die Buchfassung des Textes besorgte Soizik Moreau

Carl Hanser Verlag

Dieses Buch wurde ursprünglich auf Französisch geschrieben. Die erste Ausgabe erschien 2011
unter dem Titel *La nascita delle arti e del sacro* bei Editoriale Jaca Book, Mailand.

Die Schreibweise in diesem Buch entspricht den Regeln der neuen Rechtschreibung.

Unser gesamtes lieferbares Programm und viele andere Informationen
finden Sie unter www.hanser-literaturverlage.de

*Vor- und Nachsatz des Buches zeigen Malereien
aus der Höhle von Guntabooka in Australien.*

1 2 3 4 5 16 15 14 13 12
ISBN 978-3-446-23844-2

Satz im Verlag: Iris Kochinka, München
Printed in Italy

VORWORT

Der Mensch war immer schon empfänglich für Formen, Farben, Bewegungen, Gerüche, Klänge, Worte und Berührungen, seit fast 3 Millionen Jahren, über seine gesamte biologische und kulturelle Entwicklung hinweg. Sehr früh schon gestaltete er sein Leben über das Alltägliche hinaus nach dem geistigen und bald auch symbolischen Bild, das er sich davon machte: Er verschönerte sein Dasein. Der Prähistoriker erkennt das zum einen an der Sorgfalt, mit der die ersten Menschen Dinge anfertigten und auswählten, und zum anderen daran, dass sie nicht nur Gegenstände des täglichen Gebrauchs herstellten, sondern auch zweckfreie, auf den ersten Blick nutzlose Dinge. Das Leben des Menschen ist kompliziert und lässt sich für die frühen Menschen nur schwer rekonstruieren. Alles Geistige – ihr Denken, ihre Weltsicht, ihre Anschauungen und Gewohnheiten, ihre Sprache, ihr Gesang und Tanz – ist verschwunden. Die Wissenschaft ist daher ständig auf der Suche nach Spuren dieser geistigen Welt: Steinfiguren, gefärbte Materialien, ungewöhnliche Gegenstände ohne erkennbaren Nutzen, die in prähistorischen Siedlungen entdeckt wurden – all das kann Ausdruck von Neugier, Spielfreude, aber sicherlich auch eines Bewusstseins davon sein, dass über das Alltägliche hinaus noch etwas anderes existiert: das Heilige. Als wichtigster Beweis für ein solches Bewusstsein und den Beginn des symbolischen Denkens gilt die Totenverehrung, die vermutlich schon in den ersten Anfängen der Menschheit existierte, vor 500 000 Jahren deutlich erkennbar wurde und bis vor 100 000 Jahren immer ausgefeiltere Formen annahm. Schließlich trat eine erste Vorstufe der Schrift in Erscheinung: die Wiedergabe von Formen, Zeichen und Botschaften auf einer tragbaren oder festen Unterlage. Manchmal handelte es sich dabei um komplette, für uns nicht einfach zu verstehende, ja verschlüsselte Werke: die frühesten künstlerischen Äußerungen des Menschen. Nicht nur die individuellen Vorstellungen und Fähigkeiten des Künstlers spiegelten sich darin wider, sondern die einer ganzen Gruppe oder Gesellschaft. Gleichzeitig stellen diese Werke eine Verbindung zwischen dem Künstler, seinen Zeitgenossen, uns heutigen Menschen und allen künftigen Generationen her. Wir haben in diesem Band eine Reihe von konkreten, aus unterschiedlichen Weltgegenden und Zeiten stammenden Beispielen ausgewählt, um zu zeigen, wie der Mensch im Lauf der Vorgeschichte, die so unvorstellbar lange Zeiträume umfasst, die Dimension des Heiligen entdeckte. Wir verfolgen, mit anderen Worten, seinen Weg in die Kultur.

Sobald der Vormensch zum Menschen wird (die Gattung *Homo* zeichnet sich durch ein Allesfressergebiss und ein komplizierteres Gehirn aus), entwickelt er ein Bewusstsein: »Er weiß, dass er weiß.« Von nun an besitzt er auch die Fähigkeit vorauszuplanen. Er begnügt sich nicht mehr damit, Gegenstände (Steine, Holz oder Knochen) spontan zu verwenden, sondern er verbessert und bearbeitet sie vor dem Gebrauch. Zur Bearbeitung wiederum braucht er notgedrungen einen zweiten Gegenstand. Die Wissenschaft geht davon aus, dass hinter jeder Form, die unsere frühesten Vorfahren geschaffen haben, zahlreiche weniger erfolgreiche Versuche stehen; nur die Werkzeuge und Gebrauchsgegenstände konnten überdauern, die ihren Zweck am besten erfüllten. Vor 2,7 Millionen Jahren, vielleicht sogar etwas früher, beginnt die Zeit, von der an die Menschen einmal gefundene Formen beibehalten. Die Menschen erkennen sie wieder, lernen Dinge nach einem Vorbild zu fertigen und geben ihr Können weiter. Mit anderen Worten: Einmal gefundene Formen werden reproduziert.

Vor 1,7 Millionen Jahren ungefähr kommt dann etwas Neues hinzu: Der Mensch verleiht seinen Formen Symmetrie, wie er sie in der Natur ringsum beobachten kann. Damit beginnt die lange Geschichte der Steinwerkzeuge, der Faustkeile, Schneidewerkzeuge, Pfeilspitzen und Schaber, die sich über Hunderttausende von Jahren ausdehnt. In dieser Zeit erwirbt der Mensch eine große Meisterschaft im Umgang mit dem verwendeten Material und bei der Ausschmückung der gewünschten Form, ohne das Grundsätzliche zu vernachlässigen: die Dichte, Festigkeit und Farbe des Materials und vor allem natürlich die Zweckmäßigkeit des gefertigten Gegenstandes. Wir sprechen von der Levallois-Technik, wo ein Stein aufwändig vorbereitet wird, bevor der Steinhauer mit wenigen Schlägen den größtmöglichen Abschlag erreicht. Diese Technik ist eine wichtige Etappe auf dem Weg zur geistigen Vorwegnahme der Form eines Gegenstandes, bevor die eigentliche Fertigung beginnt. Sie folgt bald auf die Beherrschung des Feuers.

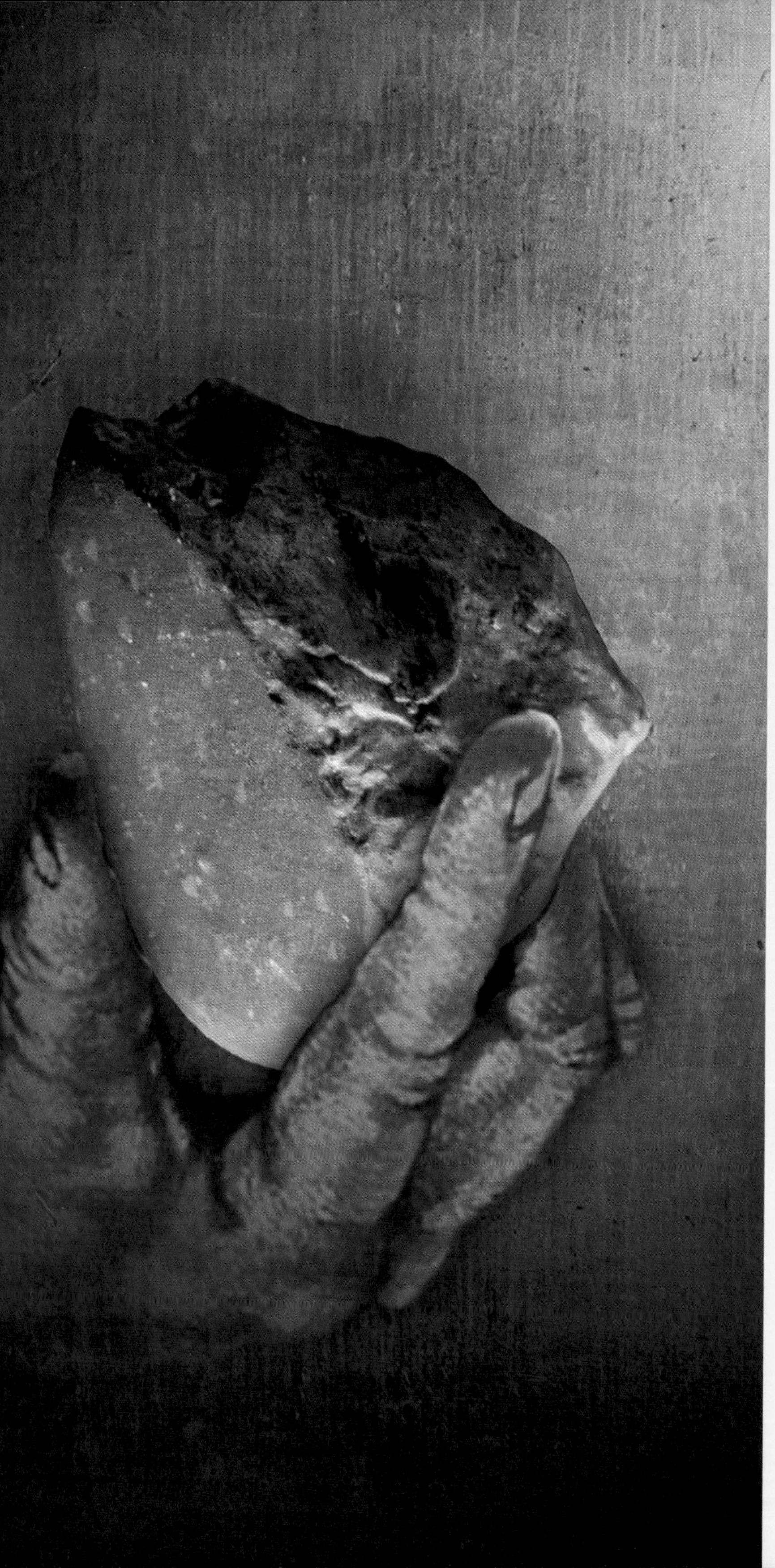

Lokalelei, Kenia
(vor 2,3 Millionen Jahren)

Die ersten Hominiden entwickelten die Fähigkeit vorauszuplanen und verbesserten nach und nach die Koordination ihrer Bewegungen.Dann folgte der nächste Schritt: Der Urmensch gebrauchte nicht mehr nur vorgefundene Gegenstände aus Stein, Knochen, Holz, sondern fertigte sie selber an.

An der 2,3 Millionen Jahre alten Fundstätte Lokalelei am Westufer des Turkanasees wurden über 2000 behauene Gegenstände zutage gefördert, die auf eine planvolle Auswahl und Verarbeitung des Rohmaterials hindeuten: Die Abschläge sind so geschickt herausgesprengt, die Schläge so meisterhaft geführt, dass offenbar kein einziger danebenging. Die Reproduktion ein und derselben Form setzt einen bestimmten Werkzeugtyp voraus, der sich für diese Aufgabe als besonders zweckmäßig erwiesen hat. Aber vielleicht spielte auch seine Schönheit, die Farbe, das »Design« eine Rolle bei der Auswahl.

Saint Acheul, Frankreich
(vor 500 000 Jahren)

Der Begriff »Acheuléen« (nach Saint Acheul, einer Fundstätte bei Amiens in Frankreich) steht für eine Epoche, in welcher der Mensch die Symmetrie entdeckte. Von da an fertigte er Werkzeug mit zwei behauenen Seiten: die bifazialen Werkzeuge, die 1850 in den Kiesgruben an der Somme gefunden wurden. 1872 wurde der Begriff »Acheuléen« für alle Werkzeuge dieser Art übernommen. Die ältesten dieser doppelseitig behauenen Steine stammen aus Ostafrika und sind über 1,5 Millionen Jahre alt, die in Europa entdeckten »nur« zwischen 700 000 und 500 000 Jahre.

Vier Schichten – oder Alluvialterrassen –, die über mehrere Hunderttausend Jahre aufeinanderfolgten, wurden in St. Acheul freigelegt, und in jeder davon finden sich solche bifazialen Werkzeuge. In den frühesten Schichten sind sie noch unförmiger, in den mittleren schon weniger plump und deutlicher oval, in den obersten immer schmaler und lanzettförmiger. Diese Unterschiede zeigen nicht nur, dass der Gegenstand immer besser und zweckmäßiger bearbeitet wurde, sondern dass seine technischen und typologischen Merkmale über lange Zeiträume hinweg erhalten blieben.

»Nutzlose« Gegenstände treten selbst in den frühesten menschlichen Siedlungen zutage: Ockerstücke auf dem Boden der 700 000 Jahre alten Fundstätte in Isernia la Pineta in Italien; eine ganze Ockerschicht in der Höhle von Becov in Tschechien (250 000 Jahre alt); 100 000 Jahre alte Hirschknochen im Rotocker von Nahr Ibrahim im Libanon; eine Knochensammlung vor den Steinringen von Pincevent, Frankreich (12 000 Jahre alt).

Muscheln, Zähne und perforierte Knochen wurden schon vor etwa 130 000 Jahren zu Armbändern, Halsketten, Fußketten aufgefädelt. Die ältesten Exemplare stammen aus Nordwestafrika (Marokko, Algerien), aus Nahost (Israel) und Südafrika.

Mineralien, gefärbte Steine und Fossilien von Wirbellosen wurden vom Neandertaler oder seinen Zeitgenossen offenbar als Kuriositäten gesammelt, aber in gewissem Maß auch um ihrer Schönheit willen (so ein Gasteropodenfossil, ein Polypenfossil und ein Stück Pyrit in Arcy-sur-Cure).

In Mas d'Azil in Frankreich, einer um 10 000 Jahre alten Fundstelle, kamen außer Farbstoffen (roter und gelber Ocker, schwarzes Mangan) auch die Näpfe und Stößel zum Vorschein, die man zum Zermahlen brauchte. Die Farben wurden dann, vermutlich als Tätowierung, mit Spatel und Stäbchen auf den Körper aufgetragen. Aber die Menschen schmücken sich nicht nur und verzieren Gebrauchsgegenstände, sondern sie singen auch und begleiten sich dabei auf Musikinstrumenten. Hörner und Pfeifen aus Knochen gibt es möglicherweise seit fast 100 000 Jahren, Flöten (wie man sie zum Beispiel in Deutschland fand) seit mindestens 35 000 Jahren. In Frankreich wurden auch Schwirrhölzer (sogenannte Rhomben) und in Vietnam Litophone entdeckt (von diesen später mehr). Die Mammut-Kulturen von Mittel- und Osteuropa fertigten sogar Musikinstrumente aus den Knochen und Stoßzähnen dieser Dickhäuter an: Schlaginstrumente, Armbandrasseln aus Elfenbein und Elfenbein-Becken). Das Staatliche Orchester Kiew hat diese Steinzeitinstrumente vor einiger Zeit zum Leben erweckt und ein Konzert damit gegeben.

Tafeln und Schmuck von Blombos
(77 000 Jahre alt)

In der Blombos-Höhle in Südafrika fand man 77 000 Jahre alte geometrische Muster: gekreuzte Linien, die in zwei Ockertafeln mit polierten Rändern eingeritzt sind.

Am selben Fundort traten auch 41 kleine Muscheln zutage, die zum Auffädeln für eine Halskette durchbohrt und mit Ocker überzogen sind. Es handelt sich um bestimmte Schneckenarten, Nassarius und Gastropoden, die nur in einer zwanzig Kilometer entfernten Flussmündung vorkommen.

Solche Gegenstände lassen eine Vorliebe für Schmuck erkennen. Auch in von Taforalt (Marokko) oder Skuhl (Israel) fand man 100 000 Jahre alten Muschelschmuck.

Die Pfeilspitzen, die in Blombos gefunden wurden, sind allein um der Schönheit willen mit Fell oder feinem Sand glänzend poliert.

Das vietnamesische Litophon von Ndu Lieng Krak
(10 000 – 20 000 Jahre alt)

Die Fundstätte Ndu Lieng Krak in der Nähe von Dalat (Südvietnam) enthielt ungewöhnlich große »Klingen« aus Felsgestein, die 1949 von Arbeitern freigelegt wurden. Es sind doppelschneidige Klingen, die mit großen, sorgfältig durchdachten Abschlägen gefertigt wurden. Sie sind 65,5 bis 101,7 cm lang, 10,6 bis 15,8 cm breit und 2,4 bis 3,6 cm dick. Beim Anschlagen entstehen Klänge, die so melodisch sind, dass man das kleine Kunstwerk als Teil eines mit dem heutigen Xylophon verwandten Musikinstruments betrachtet. Das sogenannte Litophon bestand ursprünglich aus zwei Balken, auf denen die Klangsteine lagen; gespielt wurde es mit Holzhämmern. Das Instrument basiert auf der Pentatonik oder Fünftonleiter wie manche Instrumente im heutigen Südostasien und ist zwischen 10 000 und 20 000 Jahre alt.

Das Bewusstsein vom Tod ist zweifellos mit dem Bewusstsein an sich entstanden; im Grunde ist es ein und dasselbe. Aber es ist schwierig, Spuren von Todesvorstellungen in den frühesten Epochen nachzuweisen.

Eine dieser Spuren könnten Schädeleinschnitte mit Flintschabern sein, die man bereits beim vor 1 Million Jahren in Afrika (Tansania) und Asien (China, Java) lebenden *Homo erectus* zu entdecken glaubte, aber diese Hypothese bleibt umstritten.

Auch der auf der folgenden Doppelseite beschriebene »Begräbnisbrunnen« von Sima de los Huesos in Spanien stellt eine solche Spur dar.

Als gesichert gilt hingegen die Bestimmung der sorgfältig ausgehobenen Einzelgräber, die Überreste von Neandertalern und frühen modernen Menschen enthielten, dazu ausgewählte Grabbeigaben, Gebrauchs- oder Luxusgegenstände, Blumen und Nahrung. Solche Spuren werden bis zu 100 000 Jahre zurückdatiert.

Hier einige Beispiele für diese Grabbeigaben: zwei behauene Flintsteine in Ferrassie, die auf einen Kinderkörper gelegt wurden, oder eine Bisonpfote auf einem Erwachsenenskelett in Chapelle aux Saints (beides Frankreich); eine Krone aus Steinbockhörnern um ein Kind in Teschik Tasch (Usbekistan); ein Hirschgeweih in den Händen eines anderen Kindes in Qafzeh (Israel); weitere Beigaben in Sungir (Russland), in Dolni (Tschechien), in Skuhl und Kebara (Israel), in Dederiyeh (Syrien), in Shanidar (Irak) und an zahlreichen Orten mehr.

Der Begräbnisbrunnen von Sima de Los Huesos
in Spanien (300 000 Jahre alt)

Die Karsthöhle von Sima de Los Huesos, die in den Kalkfelsen von Atapuerca entdeckt wurde, ist ein Beweis dafür, dass Begräbnisriten bis 300 000 Jahre zurückreichen, vielleicht sogar noch weiter.

Die natürliche Gruft enthält über 3500 Neandertaler-Knochen.

Ein prächtiges bifaziales Acheuléen-Werkzeug, das sorgfältig in Mandelform aus einem dunkelroten Quarzit gehauen ist, wurde in die Höhle geworfen.

Das kleine Kunstwerk deutet darauf hin, dass der Mensch als symbolbegabtes Wesen ein Bewusstsein von seinem Menschsein hatte, das er mit einer solchen Geste – einer letzten Gabe für den Toten – zum Ausdruck brachte.

Die Grabstätten von Shanidar im Irak
(60 000 Jahre alt)

Eines der neun Gräber von Shanidar verrät uns viel über das Denken des Neandertal-Menschen, bei dem die Totenverehrung mit einem ausgeprägten Schönheitssinn einherging.

Der darin Begrabene büßte nach einem Schädelbruch sein linkes Auge ein, der rechte Arm ist verkümmert, der rechte Fuß gebrochen, und das linke Bein weist Verletzungen auf. Der Tote war also einäugig und lahm. Da er weder jagen noch sammeln konnte, wurde er von seiner Sippe gepflegt, möglicherweise sogar medizinisch behandelt. Er überlebte nicht nur seine Verletzungen, wie die verheilten Knochen zeigen, sondern erhielt später noch ein richtiges Begräbnis, obwohl in der Neandertalergesellschaft nur ausgewählte Tote beerdigt wurden. (Andere Verstorbene wurden sogar aufgegessen, wie Knochenfunde zeigten.)

Ein weiteres Grab enthielt Pollen, die darauf hindeuten, dass dort gelbe und blaue Blumen niedergelegt wurden: als Bett für den Toten? Oder wurden die Blumen auf den Leichnam geworfen? Oder als Strauß gebunden auf ihn gelegt?

Die Neandertalergesellschaft, die Mitgefühl und Solidarität kennt, ist weit genug entwickelt, um nicht nur ihren Häuptlingen ein Begräbnis zu gewähren, sondern auch den Verstümmelten, den Kranken, den Kindern und ganzen Familien.

Vor 50 000 Jahren ungefähr überschreitet der *Homo sapiens* eine neue Bewusstseinsschwelle in der Wahrnehmung von Formen. Er schmückt jetzt nicht mehr nur Gebrauchsgegenstände wie Werkzeuge und Waffen, sondern schafft eigenständige Skulpturen und bildet Tiere aus seiner Lebenswelt und sich selbst auf festen oder tragbaren Unterlagen ab. Die Bilder kombiniert er mit verschiedenen Zeichen, die er erfindet, eine Entwicklung, die sich in der ganzen Welt vollzieht.

Für die Künstler, die Maler, Steinritzer und Bildhauer, steht zweifellos die kultische Bedeutung im Vordergrund, aber ihre Werke spielen auch eine soziale Rolle: Sie werden geschaffen, um gesehen und gelesen zu werden, zumindest von wenigen Auserwählten.

Ein so riesiges Gebiet wie die Vorgeschichte, die gewaltige Zeiträume auf der ganzen Erde umfasst, ist natürlich sehr vielfältig. Die frühesten Kunstwerke des Menschen, die Wandmalereien, Figuren und Ritzzeichnungen, sind daher so unterschiedlich wie die Epochen, die sie widerspiegeln, und die Weltgegenden, in denen sie geschaffen wurden. Die steinzeitliche Malkunst in Europa ist beispielsweise stark verschlüsselt; wiederkehrende Szenen mit mehreren Figuren, die sich leichter entschlüsseln ließen, finden sich nur selten. Gesichert ist hier nur, dass Tiersilhouetten in Verbindung mit abstrakten Zeichen eine symbolische Bedeutung haben. Auch der Mensch ist in diesen Darstellungen präsent, aber eher unauffällig, maskiert, verborgen. Ganz anders die Steinzeitkunst in der Sahara, die überwiegend aus Szenen des täglichen Lebens besteht, aus Jagdszenen und Tänzen, in denen der Mensch allgegenwärtig ist.

Die um die tausend Ritzzeichnungen im Coa-Tal, einem Nebenfluss des Duro (Portugal), zeigen dieselben Tiere wie die zeitgenössischen europäischen Höhlenmalereien. Einzigartig sind jedoch die großen, nur aus der Höhe erkennbaren Zeichnungen in Südamerika mit ihren riesigen Tiersilhouetten, die sich sonst nirgends auf der Welt finden. Von ihnen werden wir noch hören.

Die sogenannten Venus-Skulpturen, weibliche Figuren aus Stein, Knochen, Horn, Elfenbein oder (gebranntem) Ton mit üppigen Formen und nur wenig ausgearbeiteten Gesichtern, sind im gesamten altsteinzeitlichen Europa und in den Steppen Mittel- und Vorderasiens verbreitet. Die Knochen- oder Jadefiguren, die für das Neolithikum in Ostasien charakteristisch sind, haben im Gegensatz dazu fein gezeichnete Gesichter, die auf Tierkörpern sitzen.

Die Höhle von Chauvet
(31 000 Jahre alt)

Diese Fundstätte, die 1994 von den drei Höhlenforschern Chauvet, Brunel-Deschamp und Hillaire entdeckt wurde, enthielt über 300 gemalte oder geritzte Figuren. Der Häufigkeit nach sind das: Rhinozerosse, Löwen, Mammuts, Pferde, Bisons, Riesenhirsche, Hirsche, aber auch ein Panther, eine Eule und vielleicht eine Hyäne.

Wie bei den meisten Höhlenmalereien in diesem altsteinzeitlichen europäischen Malstil (wir sprechen von der Franco-Cantabrique-Schule) tritt der Mensch hier nur maskiert auf, in Gestalt eines Zwitterwesens, halb Bison, halb Mensch (von dem es die Beine hat), manchmal auch nur in Form von positiven oder negativen Handabdrücken oder einigen Schamdreiecken.

Dieses Heiligtum, das zuerst von Bären, dann von Menschen, dann wieder von Bären besiedelt wurde, ist nicht nur wegen seines Alters (die ersten menschlichen Spuren reichen über 30 000 Jahre zurück) so faszinierend. Ungewöhnlich ist auch die Meisterschaft der Künstler, die für ihre naturalistischen Bilder und Reliefs eine Reihe von raffinierten »Tricks« anwandten. So wurden zum Beispiel die Felswände durch Abschmirgeln, Abschatten und Verwischen der Farben vorbereitet und die Profile oder Pfoten von Tieren vervielfältigt. Diese altsteinzeitliche (paläolithische) Kunst brachte in den nächsten 20 000 Jahren eine Reihe von großen Malschulen hervor, die überraschende Gemeinsamkeiten aufweisen.

La Serra di Capivara, Brasilien
(14 000/8000 Jahre alt)

Die Felshütten im Nationalpark Serra di Capivara im Nordosten Brasiliens sind ein gutes Beispiel für die Vielfalt der Wandmalereien in der amerikanischen Vorgeschichte. Über 340 Felsenbilder finden sich dort, die zwischen 14 000 bis 8 000 Jahre alt sind. Rot ist die beherrschende Farbe dieser Bilder, aber auch Gelb, Orange, Braun, Schwarz und Weiß sind vertreten, alles Farbtöne, die mit Ocker-, Lehm-, Holzkohle- oder Knochenmehlmischungen angerührt und zum Teil erhitzt wurden. Die Bilder zeigen Alltagsszenen, Treibjagden zum Beispiel, aber auch Zeremonien mit reich geschmückten Figuren. Die dargestellten Tiere – Hirsche, Pumas, Krokodile und Lamas – ergänzen oder begleiten den Menschen, und wie überall auf der Welt sind geometrische Zeichen beigefügt, die dem Ganzen eine symbolische Bedeutung verleihen.

Eine der Höhlen an dieser Fundstätte enthielt sogar einen Sandstein, der in der Mitte ausgehöhlt war und dem Maler als Palette zum Mischen der Farben diente. Gemalt wurde nicht nur mit bloßen Händen, sondern mit Pinseln aus Pflanzenfasern, Fell- und Mähnenhaaren, ja, sogar aus Kaktusstängeln.

Das prächtige Bilderbuch im Nationalpark Serra di Capivara markiert den Schlusspunkt einer ungewöhnlich langen Phase der Kreativität in der Neuen Welt, denn die Feuerstellen und Werkzeuge, die an ihrem Anfang stehen, werden sogar auf 50 000 Jahre zurückdatiert.

Die Höhlen von Borneo, Indonesien (9000–6000 Jahre alt)

Die 38 Höhlen von Borneo, die 1998 entdeckt wurden, bieten einen atemberaubenden Anblick: Über 2000 negative Handabdrücke schmücken die Felsen, Hände von Erwachsenen, Kindern und sogar Babys.

Für diese Abbildungen, die auch auf zahlreichen Felswänden anderer Kontinente vorkommen, wurden Schablonen verwendet. Die Hand wurde auf den Fels gedrückt und dann ein Farbstoff darübergeblasen, der im Mund bereitgehalten wurde. Auf diese Weise lassen sich die Umrisse des darzustellenden Gegenstands perfekt nachzeichnen.

Die Hände von Gua Ilas Kenceng sind nach einem klar erkennbaren Gestaltungswillen wie ein Blumenstrauß angeordnet, der durch symbolische Linien verbunden ist.

In Gua Masri wurden sogar Hände gefunden, deren Innenflächen ausgeschmückt sind. Auch menschliche Gestalten sind vertreten: Köpfe mit Federschmuck, deren Gesichtszüge allerdings nur angedeutet sind. Außerdem tummeln sich über 250 Tiere auf den Felswänden, unter anderem auch der Tapir, der in Borneo seit 10 000 Jahren ausgestorben ist.

Offensichtlich waren diese Fundstätten ursprünglich Heiligtümer.

Die Bisons von Tuc d'Adoubert, Frankreich
(14 000 Jahre alt)

In Tuc d'Adoubert in Ariège (Frankreich) wurden drei übereinanderliegende Höhlen entdeckt, in denen sich zahlreiche prähistorische Felsritzungen erhalten haben. Es sind Darstellungen von Tieren, von Pferden, Hirschkühen, Rentieren, Bisons …

Die Fußabdrücke in einem dieser Gänge deuten darauf hin, dass sich vor allem Halbwüchsige darin aufgehalten haben, die auf den Fersen gingen, was der Fundstätte ihren Namen eingetragen hat: »Fersenkammer«.

Aber das ist noch nicht alles: Ganz hinten in einem engen Gang öffnet sich eine kleine Kammer mit zwei Bison-Hochreliefs, die aus dem Lehm der darunterliegenden »Fersenkammer« modelliert sind. Ein unvergleichliches Meisterwerk haben die Künstler mit diesem 14 000 Jahre alten Bisonpaar geschaffen, aber nicht nur in seinen Dimensionen und Proportionen: Auch die künstlerische Qualität, die »Wiedergabe«, ist einzigartig. Es handelt sich um ein Bisonmännchen, das über einem Weibchen aufragt, beide 60 Zentimeter lang. Neben dieser Abbildung ist ein dritter Bison skizziert, und im Boden findet sich eine Ritzzeichnung, die wohl eine Mähne darstellen soll.

Der Denker und die Frau von Cernavoda, Rumänien
(8000 Jahre alt)

In einer Grabstätte bei Cernavoda kamen zwei Figuren aus poliertem Stein zum Vorschein, die von den Entdeckern »Der Denker und die Frau« getauft wurden.

Der Mann sitzt auf einem winzigen, mit Ritzungen verzierten Schemel und hält sein dreieckig geformtes Gesicht mit den übergroßen Augen. Auch seine Nase ist dreieckig. Der fast ovale Mund unterstreicht seine nachdenkliche Miene. Die vier Löcher, die in seinen Schädel gebohrt sind, dienten vermutlich dazu, einen Schmuck oder eine Haartracht zu befestigen.

Die Frau sitzt auf dem Boden, mit aufrechtem Oberkörper und hoch angesetzten Brüsten, die beinahe in die üppigen Schultern übergehen. Energisch hebt sie ihr Kinn, eine Haltung, die in scharfem Kontrast zu ihrem nachdenklichen Gefährten steht. Ihr Becken ist riesig, überproportional, ein Strich markiert das Geschlecht. Die Hände ruhen auf den angezogenen Knien, die Finger sind einzeln als längliche Einschnitte gestaltet.

Die Schlichtheit dieser beiden Figuren, die ganz auf das Wesentliche reduziert sind, bezeugt den Willen des Künstlers, die innere Welt darzustellen, die jetzt den Menschen immer mehr beschäftigt.

Die beiden etwa 10 Zentimeter großen Figuren werden auf 8000 Jahre datiert.

Val Camonica, Italien
(6000–3000 Jahre alt)

Die 300 000 Ritzzeichnungen, die an 2500 Felsen im 60 Kilometer langen Val Camonica gefunden wurden, spiegeln einen Zeitraum von 10 000 Jahren in der Geschichte der Alpen-Steinzeitkulturen wider. Sie erzählen uns viel über die Glaubensvorstellungen der Menschen, ihre Rituale, aber auch ihre wichtigsten Alltagsbeschäftigungen.

Die ältesten Zeichnungen stammen wahrscheinlich vom Ende der letzten Eiszeit (vor 10 000 Jahren), aber die fruchtbarste Periode setzt in der um 5000 v. Chr. beginnenden Jungsteinzeit ein und erstreckt sich über gut drei Jahrtausende. Sie überdauert damit auch die Kupfer- und die Bronzezeit und verliert erst mit dem Beginn der Eisenzeit und dem Eintritt in die Frühgeschichte ihren Glanz.

Was diese Epochen gegenüber den vorausgegangenen Malschulen vor allem auszeichnet, ist der Auftritt des Menschen, der plötzlich allgegenwärtig ist. Er betet, tanzt, trägt Waffen, sät und erntet. Er stellt Pflüge her und spannt Pferde davor. Er jagt und webt, und er tanzt immer noch. Aber jetzt steht er im Mittelpunkt seiner Welt, die er, trotz aller realen und mythischen Schrecken, die sie für ihn bereithält, mutig zu erobern versucht.

Übrigens wachte schon der Urmensch eifersüchtig über seinen »Grund und Boden«. Zumindest war ihm sein Besitz wichtig genug, dass er die Kartografie erfand, um ihn abzustecken, etwa Weideland, Wege oder Wasserläufe; es ist eine Fertigkeit, die er vor ungefähr 4000 Jahren entwickelte und immer weiter perfektionierte.

Die Geoglyphen von Nazca, Peru
(2500 Jahre alt)

Die gewaltigen Geoglyphen oder Scharrbilder, die in einer Wüstenebene 320 Kilometer südlich von Lima gefunden wurden, dehnen sich über eine Fläche von 500 Quadratkilometern aus. Sie wurden erst 1930 vom Flugzeug aus entdeckt, denn nur aus der Vogelperspektive können sie in ihrer Gesamtheit erfasst werden.

Es sind große geometrische Figuren (Trapeze, Pyramiden und Dreiecke) oder meisterhafte, humorvolle Darstellungen von Riesentieren.

Da die großen Ebenen ganz mit dunklen Kieselsteinen bedeckt sind, musste der Künstler nur einen Teil der Steine entfernen, um die Konturen herauszuarbeiten: Unter den Steinen kam ein zweiter Boden aus hellem Selenit zum Vorschein.

Zwei der schönsten Beispiele dieser Art sind ein 50 Meter langer Papagei und ein 135 Meter großer Affe mit einem überlangen Schwanz, der wie eine Spirale eingerollt ist. Der Affe klettert auf einen stilisierten Baum, der an eine Treppe erinnert.

Weitere Meisterwerke aus diesem fantastischen Bestiarium von 13 000 Zeichnungen sind ein Kolibri und ein Kondor in vollem Flug, ein Reiher, eine Riesenspinne, ein Hund, eine Schlange und ein Kamel.

Es handelt sich um verschlüsselte Heiligkeitssymbole, die von einem gewissen Maß an astronomischem Wissen zeugen; keinesfalls handelt es sich um das Werk von Außerirdischen, wie zeitweise behauptet wurde.

Als erste planvolle Bauwerke des Menschen gelten die kleinen, runden Hütten aus Laub und Holz, die in Ostafrika (Tansania, Äthiopien) an 2 Millionen Jahre alten menschlichen Siedlungsstätten gefunden wurden. Von da an gibt es zunehmend Überreste, aus denen sich die Behausungen des Urmenschen rekonstruieren lassen. Dabei handelt es sich um Hütten, Verschläge, Zelte, Häuser aus Holz, Stein oder Knochen (Walknochen in Grönland, Mammutknochen in der Ukraine).

Vor ungefähr 10 000 Jahren wird der Mensch allmählich sesshafter, weil sich die neue Lebensweise als vorteilhafter erweist oder das Klima milder wird. Er streift weniger umher, bleibt öfter und länger an einem Ort, um etwa wildes Getreide zu ernten. Von nun an errichtet er feste Behausungen, seine Wirtschaftsgrundlagen ändern sich, und damit auch seine Mentalität, seine Gesellschaft und seine Glaubensvorstellungen. Es sind die Anfänge einer Produktionswirtschaft, die sich jetzt herausbildet.

Wenn aber eine Gesellschaft aggressiver in die Umwelt eingreift, zum Grundbesitzer wird und das Land verteidigt, das sie ausbeutet, muss sie notgedrungen stärker werden. Also sammelt sie Reichtum an, wird hierarchisch und entwickelt Kulte und Rituale, die sie zusammenschweißen.

Die leichte Bauweise der einzelnen Behausungen oder zeitweiligen Dörfer wird schwerer, dauerhafter, und bald entstehen die ersten Städte wie Jericho, das wir aus der Bibel kennen, oder Catal Hüjük in der Türkei, das etwa 8000 Jahre alt ist.

Erste Monumentalarchitekturen treten in Erscheinung, die sogenannten Megalithen, wie in Carnac (Frankreich) vor 7000 bis 5000 Jahren und in Skorda auf der Insel Malta (vor 5200 Jahren). Das bekannteste Beispiel ist das englische Stonehenge (»stone« = Stein; »henge« = Ring), ein Kolossalbauwerk, das zwischen 2500 und 2000 v. Chr. errichtet wurde.

Catal Hüjük, Türkei
(8000 Jahre alt)

Um 6000 v. Chr. entstand Catal Hüjük, eine der ersten Städte der Welt, die sich über eine Fläche von 13 Hektar erstreckte. Die rechteckigen Gebäude waren aus einem beschichteten Backstein und standen Wand an Wand. Straßen gab es nicht.

Leitern und Terrassen stellten den einzigen Zugang zu diesen Häusern dar. Jedes Haus besaß einen Hauptraum, der auf einen Innenhof mit einer Feuerstelle ging; der Raum selbst besaß einen Ofen und Bänke zum Sitzen oder Schlafen. Manche Mauern trugen einen Schmuck, der wohl überwiegend symbolischer Natur war: Wildschweinhauer, Raubtierschädel und Bukranien (Stierschädel mit Hörnern), die aus der Wand ragten.

Andere Wände waren mit Malereien verziert; sie zeigten vor allem weibliche Figuren, Wildschweinjagden und Geier, die Menschen angreifen. Die Toten wurden den Geiern vorgeworfen und die kahl gefressenen Gebeine in den Häusern oder in einem Heiligtum begraben.

Die Handwerker dieser Stadt fertigten nicht nur Gebrauchswaren und Waffen an, sondern auch Kleider- und Haarschmuck, Geschmeide, das einen florierenden Tauschhandel ermöglichte. Der Reichtum machte die Stadt groß: 6000 Jahre v. Chr. siedelten dort fast 5000 Menschen, für die damalige Zeit eine unglaubliche Einwohnerzahl.

Die Megalithen von Carnac, Frankreich (7000 Jahre alt)

Das Gebiet, das sich zwischen dem Fluss Etel am Golf von Morbihan bis zu dessen Ostufer erstreckt, ist ein heiliger Bezirk. Zwischen 5000 und 3000 v. Chr. wurden in den Steinbrüchen am Ort 10 000 Steine, sogenannte Menhire, aus 100 000 Tonnen Granit gewonnen, um dann zum Ruhme der Götter an ihren Bestimmungsort gerollt und aufgerichtet zu werden. Solche Wunderwerke kann nur eine mächtige, erfinderische, streng hierarchisch gegliederte und hoch organisierte Gesellschaft zustandebringen. Das riesige Aufgebot an Arbeitskräften, das dafür nötig war, ließ sich niemals an Ort und Stelle finden. Ein solches Mammutprojekt setzt also eine große Machtbefugnis in dieser Welt und einen festen Glauben an eine jenseitige voraus. Allein für den Transport eines kleinen Menhirs von einer Tonne waren 20 Arbeiter nötig, 50 für einen mittelgroßen Menhir von 200 Tonnen und 500 für Kolosse wie die von Lacmariaquer (330 Tonnen).

Mindestens zwei Megalithkulturen folgten auf bretonischer Erde aufeinander: die erste von ungefähr 5000 bis 3000 v. Chr., die zweite von ungefähr 3500 bis 2000 v. Chr., wobei letztere die Blöcke der vorigen niederriss. Einer der wiederverwerteten Steine wurde weltberühmt: die Grabplatte einer Grabkammer des Dolmen de Gavri'inis. Diese Platte wurde von der ersten Kultur mit Ritzzeichnungen geschmückt und von der zweiten zerbrochen und mit dem Bild nach oben platziert: Ochsen, die einen Pflug ziehen – sie sind das Siegel der Landwirtschaft, die sich darin verewigte.

Die Dolmen selbst sind Grabmäler mit einer Haupthöhle und manchmal auch Nebengängen. Man kennt davon in der Gegend fast 300.

Die Gräber enthielten eine luxuriöse Ausstattung an Schmuckbeilen aus grüner Jade oder weißem Fibrolit und verschiedenen Ohrgehängen aus blaugrünen Callaïsperlen, was auf eine reiche, hierarchisch gegliederte Gesellschaft hindeutet.

Groß-Simbabwe, Südafrika
(400 v. Chr. – 1500 n. Chr.)

Zwischen den beiden Flüssen Sambesi und Limpopo siedelten ab dem 4. Jahrhundert vor unserer Zeitrechnung die sogenannten Gokomeres- oder Shona-Stämme in Behausungen aus getrocknetem Lehm. Später mussten diese zeitweiligen »Häuser« festen Gebäuden weichen, der berühmten Architektur von Groß-Simbabwe. »Ziimba remabwe« bedeutet nichts anderes als »große Steinhäuser«.

Die Gebäude aus Trockenstein und ohne Fundamente bildeten drei Komplexe auf einer Fläche von 7 Quadratkilometern: eine 11 Meter hohe Ringmauer um die Hügelkuppe, dann im Zentrum eine ovale Akropolis von 100 Metern Länge und 45 Metern Breite mit einer Kultstätte und Wohnungen, und schließlich die Stadt selber, die sich vom Hügel bis ins Tal hinunterzog und ungefähr 20 000 Menschen aufnehmen konnte.

Der Bau dieser religiösen und wirtschaftlichen Hochburg setzte sich bis ins 15. Jahrhundert unserer Zeit fort und zeugt von einer großen Kultur, die dem Land seinen Namen gegeben hat.

Neben Groß-Simbabwe gibt es in Südostafrika (Botswana, Mosambik, Südafrika) noch zweihundert vergleichbare Stätten, die aber nur als Ruinen überdauert haben.

Schon vor 35 000 Jahren verknetete der Mensch Lehm mit Wasser und formte Figuren daraus, die er an der Sonne trocknen ließ. Vor 25 000 Jahren wurden diese Figürchen bereits in kleinen Feuergruben gebrannt, wie zum Beispiel die Dolni Vestonice in Mähren (Tschechien). Aber solange der Mensch als Nomade umherstreifte, kam er nicht auf den Gedanken, die Brenntechniken, die er entdeckt hatte, zur Herstellung von Gefäßen zu verwenden. Die Figuren hatten vermutlich von Anfang an eine kultische Bedeutung und dienten einem Zauber oder als Weihegabe.

Die ältesten Gefäße wurden in Ostsibirien gefunden; sie sind 14 000 Jahre alt. Andere fand man in der afrikanischen Sahara (11 000 Jahre alt) und am Ufer des Euphrat (7000 Jahre alt). Die Hohlkeramik ist damals eine verbreitete Technik: Der Töpfer formt Lehmwürste, die er zu einem Gefäß aufeinanderschichtet und an der Sonne trocknen lässt. Vasen, Schalen und Krüge bedeuten einen gewaltigen Fortschritt beim Zubereiten der Nahrung und beim Haltbarmachen von Getreide und Früchten.

Zwischen 3000 und 2000 v. Chr. taucht der Ofen in verschiedenen Weltgegenden auf; damit werden Tongefäße viel haltbarer als bisher. Um 3000 v. Chr. wird in Uruk (Irak) die Töpferscheibe erfunden: Der Töpfer legt das Gefäß auf einen Holzteller, der auf einem Stein ruht; der Stein dient als Drehzapfen und lässt den Gegenstand kreisen.

Die neue Technik begünstigt die Regelmäßigkeit der Formen, und die Produktion beschleunigt sich. Seit dieser Zeit sind Töpferwaren auf der ganzen Welt verbreitet.

Die Keramiken von Jomon, Japan (10 000 – 500 v. Chr.)

Als Jomon-Kultur bezeichnet man eine Zivilisation von ungewöhnlich langer Dauer und hoher Stabilität, der ihre Keramiktechnik den Namen gab: Die Keramiken wurden mit einer geflochtenen Schnur verziert, die in den weichen Lehm gedrückt wurde. (Japanisch »jo« = Schnur und »mon« = Muster). Ihre Anfänge liegen zwischen 11 000 und 10 000 v. Chr. (Prä-Jomon-Kultur),und sie endet erst mit dem Beginn der Bronzezeit und der Reiskultur um 300 v. Chr.

Die Keramikstile entstehen gleichzeitig mit bestimmten Gegenständen, die eine Rolle in der Entwicklung des Alltagslebens spielen; um 8000 v. Chr. tauchen menschenähnliche (anthropomorphe) symbolische Figuren auf, die unbestreitbar den Steinfiguren der früheren Perioden nachgebildet sind.

Ab 3500 v. Chr. folgen die »Dogu«-Figuren, die nur aus einem Torso und einem Kopf ohne erkennbare Züge bestehen. Sie sind weder Mann noch Frau und werden den Geistern zugeordnet, die die pflanzliche, tierische und mineralische Welt verkörpern.

Erst um 1000 v. Chr. nehmen die »Dogu« wahrhaft menschliche Gestalt an, um später auch als Tierfiguren in Erscheinung zu treten: Hunde, Bären, Wildschweine …

Der Hund wird vor etwa 7000 Jahren domestiziert, etwa zur selben Zeit, in der Nutzpflanzen wie Buchweizen, Hülsenfrüchte, der Papiermaulbeerbaum und der Lackbaum angebaut werden.

Die Lapita-Keramik, Ozeanien
(2000 v. Chr. bis ins 1. Jahrtausend n. Chr.)

Die nach einer Fundstätte in Neukaledonien benannte Lapita-Keramik gilt als Hauptmerkmal eines Kulturkreises, der von China und Taiwan aus vor langer Zeit (vor der besagten Keramik-Periode) Neuguinea erreichte. Von dort legten die Lapita-Menschen zwischen 2000 v. Chr. und den ersten Jahrhunderten unseres Jahrtausends in ihren Ausleger-Pirogen Tausende von Kilometern zurück, um die Inselwelt Mikronesiens, Melanesiens und Polynesiens zu durchqueren. Die seetauglichen Boote, in denen sie reisten, waren ihre eigene Erfindung.

Die Neuankömmlinge, die wahrscheinlich selbst Ackerbauer waren, stießen auf den westlichsten Inseln auf frühere Siedler und kolonisierten daraufhin die östlichsten Inseln. Sie kamen nicht mit leeren Händen, sondern brachten den Brotbaum, die Taro- und Yamswurzel, den Bananenbaum und die Kokospalme mit, aber auch den Hund, das Schwein, das Huhn und … Ratten!

Typisch für die Lapita-Keramik, die sich durch eine große Formenvielfalt und manchmal auch beträchtliche Größe auszeichnet, sind die rote Farbe und die mit dem Kamm eingeritzten geometrischen Muster. Diese Vasen, die eher dem Tauschhandel als dem täglichen Gebrauch dienten, waren symbolische Objekte zur Festigung wirtschaftlicher und politischer Bündnisse und daher häufig von Schmuck begleitet. Die Lapita-Menschen waren aber nicht nur meisterhafte Töpfer, sondern auch große Seefahrer, die Fahrten unternahmen, die man heute ohne Hochseeausrüstung nicht wagen würde.

Vor ungefähr 7000 Jahren erwirbt der Mensch die Fähigkeit, dem Fels abzuringen, was er darin glitzern sieht: Kupfer, Gold, formbare Metalle, die leicht kalt gehämmert oder perforiert und zu kleinen Klingen, Nadeln, Perlen und anderem Schmuck verarbeitet werden können ... Gold gilt übrigens sehr schnell als kostbares Metall – vielleicht wegen seines Glanzes und seiner Seltenheit.

Um 3000 v. Chr. kommt der Gedanke auf, das Mineral zu erhitzen und einzuschmelzen. Die ersten Öfen, wie der Kuppelofen, entstehen in Anatolien (Türkei); sie sind mit einem Blasebalg versehen, der höhere Temperaturen ermöglicht. Das geschmolzene Metall kann dann in ein Steinmodel abfließen, in dem es die gewünschte Form annimmt.

Die Schmiedekunst mit ihren hochsymbolischen Vorgängen ist sofort in aller Welt von einem mächtigen kultischen Nimbus umgeben, und ihr Siegeszug nicht mehr aufzuhalten. Eine einzige Gussform ermöglicht die Herstellung zahlreicher Exemplare ein und desselben Gegenstands; wir haben es mit einem Vorläufer der Serienfertigung zu tun. Pflugscharen, Waffen, Schmuckgegenstände werden nun in großer Menge gefertigt, und die Handwerker verzieren ihre Produkte je nach der herrschenden Mode, dem gesellschaftlichen Rang oder dem Geldbeutel des Kunden.

Zwischen 3000 und 2000 v. Chr. erreicht die Kupferverarbeitung ihren Höhepunkt, obwohl Stein als Material weiterhin eine Rolle spielt. Zu dieser Zeit werden große Kupfervorkommen in Spanien und den Karpaten abgebaut.

Um 2000 v. Chr. später kommt die Bronze auf, eine Legierung aus Kupfer und Zinn. Das äußerst widerstandsfähige Metall, das zuerst in Mesopotamien auftaucht, erreicht bald die Nil- und Donautäler, um sich dann in Asien und Westeuropa auszubreiten. Aus Bronze können die unterschiedlichsten Formen geschaffen werden: Pektorale, Armbänder, Waffen, die zum Privileg der herrschenden Elite werden, das Symbol ihrer Macht. Das Tragen von Schild, Helm, Beinschützern, Dolchen und Schwertern bringt eine neue Ideologie hervor: die Glorifizierung der Stärke. Der männliche Körper, aus der neuen goldfarbenen Bronze gegossen, wird so zum Prestigeobjekt.

Die weiblichen Figuren verlieren ihre Vorherrschaft.

Erst dann kommt das Eisen, das mit seinem höheren Schmelzpunkt höhere Temperaturen für seine Verarbeitung erfordert.

Das Gräberfeld von Warna, Bulgarien
(4600–4200 Jahre v. Chr.)

In den 280 Gräbern des Gräberfelds von Warna wurden zahlreiche Goldgegenstände gefunden: Brustschmuck, Szepter, Armbänder, Diademe, Gürtel …

Im gesamten Gräberfeld wurden über 6 Kilo Gold zutage gefördert. Allein das sogenannte »Häuptlingsgrab« enthielt 1,5 Kilo. Die Schmuckbeigaben waren oft von Waffen begleitet, von Kupferäxten und verzierten Keramiken.

Diese Reichtümer zeugen von einer hierarchischen Gesellschaft, in der hochrangige Mitglieder bis in den Tod das Ansehen genossen, das sie zu ihren Lebzeiten besaßen und das mit großer politischer und wirtschaftlicher Macht einherging.

Die Gesellschaft von Warna, die dem restlichen Europa voraus war, beherrschte die Verarbeitung der Metalle Gold und Kupfer. Das setzte ein hohes Maß an Organisation bei der Beschaffung der Rohstoffe, der Herstellung der Waren und wahrscheinlich auch beim Tauschhandel voraus, auf den die Muschelketten hindeuten, die an der Fundstätte auftauchten.

Als Königin der Feuerkünste war die Goldverarbeitung damals eng mit dem Heiligen verknüpft und ist es lange Zeit geblieben.

Die armorikanischen Tüllenbeile

Tüllenbeile sind hohle Schneidewerkzeuge aus gegossener Bronze mit viereckigem Querschnitt und rechteckigen Rändern. Diese Äxte sind charakteristisch für das (im Gebiet der heutigen Bretagne gelegene) sogenannte Armorikanische Massiv und das Ende der Bronzezeit um 1200 v.Chr. Sie stehen für eine bestimmte Art der Metallverarbeitung, aber sie erzählen auch eine interessante Geschichte. Auffällig ist nämlich, dass diese in großer Menge fabrizierten Werkzeuge (schätzungsweise 75 000 Beile, also 15 Tonnen Metall) oft ohne andere Beigaben gelagert wurden. (90 Lager mit 9000 Beilen im Finistère, 80 im Ärmelkanalgebiet, 80 an den Armor-Küsten, 30 im Morbihan, darunter die von Cléguérec, die sorgfältig im Kreis angeordnet sind.) Zudem waren diese Lager häufig versteckt (in Säcken, Truhen, Töpfen, Bronzevasen), die Form der Beile und manchmal sogar ihre Gussfehler machten sie zweckuntauglich, und die unterschiedlichen Größen ließen an Werteinheiten mit Ober- und Untereinheiten denken. Da gleichzeitig kleine Unterschiede entdeckt wurden, die auf Werkstatt-Signaturen hindeuten, nimmt man an, dass die schön gearbeiteten Äxte als Tauschobjekte dienten (sie wurden überall gefunden, von den britischen Inseln bis nach Spanien, in Holland, Belgien, Deutschland und sogar in der Ukraine …). Es handelt sich also um eine Art Zahlungsmittel, wie die Analyse des Materials später bestätigte. Die Äxte wurden zuerst aus Zinn, dann aus Kupferblei, dann aus Zinnblei und schließlich nur noch aus Blei hergestellt, das billiger ist. In der Bretagne fand also schon vor 3000 Jahren eine Geld-Abwertung statt!

Sobald der Mensch die Fähigkeit zum Vorausdenken besitzt, schafft er unermüdlich Neues, wobei Zweckmäßigkeit und Schönheit in seinen Werken von Anfang an Hand in Hand gehen. Und stets durchzieht das Heilige alle seine Gesten, Handlungen und Errungenschaften.

Seine großen geistigen Fähigkeiten versetzen den Menschen in die Lage, Distanz zu seiner Lebenswelt zu gewinnen. Er hat den Antrieb, sie zu überhöhen und zu verschönern. Als soziales Wesen verfügt er zudem über eine weitere mächtige Triebfeder: das Bedürfnis, sich mitzuteilen. Sobald der erste »Mensch« (oder einer seiner Vorgänger) zwei Steine gegeneinanderschlug, um den ersten behauenen Faustkeil der Welt zu schaffen, lief er damit zu seinem Nachbarn, um auf diese Weise einen Kontakt herzustellen und bald auch Wissen weiterzugeben.

Mit dem gesprochenen Wort wird die Kommunikation immer reicher, und eines Tages gibt sich der Mensch nicht mehr damit zufrieden, einmal erworbenes Wissen nur mündlich weiterzugeben. Er geht über die gesprochene Sprache hinaus und verwendet grafische Zeichen. Eine der wichtigsten Etappen auf dem Weg zur Schrift ist die Felsenschrift. Für uns ist sie verwirrend, weil sie noch nicht linear ist. Aber die Kombination von lesbaren Zeichen (Zeichnungen) und sogenannten abstrakten Zeichen auf riesigen, ausladenden Wandmalereien hat zweifellos einen entzifferbaren und (wenn man in das System eingeweiht ist) auch vermittelbaren Sinn.

Schon in dieser frühen Zeit geht der Mensch mit Zahlen um: In Ishango, einer 23 000 Jahre alten kongolesischen Fundstätte, wurden Stöcke und Knochen entdeckt, die mit gegliederten Einschnitten in Form von gebündelten Einheiten markiert sind.

Vor 10 000 Jahren, also um 8000 v. Chr., tauchen geometrisch geformte Tongebilde auf, kleine Würfel, Kugeln und Quader, manchmal lose, manchmal in größeren Kugeln verwahrt, die ebenfalls aus Ton sind. Es handelt sich um Calculi oder Tokens, Rechensteine, die möglicherweise auf die Anfänge einer Buchhaltung hindeuten.

Angenommen, die kleinen Würfel bilden die Grundeinheiten, die kleinen Kugeln das Zehnfache davon und die Quader das Hundertfache: Wenn ich dann einem Kunden 321 Schafe schicke, gebe ich dem Hirten, der sie ihm zuführt, eine große Kugel mit 3 kleinen Quadern, 2 kleinen Kugeln und einem kleinen Würfel mit. Der Empfänger zerbricht die Kugel und sieht dann, wie viele Schafe ich ihm geschickt habe. Wenn er nachgezählt hat, werde ich erfahren, ob die Schafe vollzählig eingetroffen sind, oder ob der Hirte unterwegs einige von ihnen verloren, verkauft … oder aufgegessen hat.

Im Lauf der Zeit werden die Botschaften ausgefeilter. Der Absender gibt jetzt nicht mehr nur die Calculi in die Kugel, sondern bedruckt die Außenseite mit den Abdrücken der darin enthaltenen Calculi (bei 321: 3 Rechtecke, 2 Kreise und 1 Quadrat). Weil

das aber doppelt gemoppelt ist, fällt der erste Schritt weg, und damit vollzieht sich der Übergang vom Dreidimensionalen zum Zweidimensionalen und von der Kugel zum Täfelchen.

Das erste Täfelchen ist sumerisch (Mesopotamien); mit ihm ist zwischen 3500 und 3000 v. Chr. die erste lineare Schrift entstanden, auch Keilschrift genannt. Um dieselbe Zeit oder bald darauf folgt Ägypten mit seinen Hieroglyphen. Erst knapp 2000 Jahre später holt China den Vorsprung des Nahen Ostens auf, und ungefähr genauso alt sind die ersten schriftlichen Zeugnisse der Olmeken im präkolumbianischen Amerika.

In diesen Schriften, die also viermal erfunden wurden, sind Bild und Wort miteinander verknüpft, wie bei einem Bilderrätsel – oder bei besonderen zeitgenössischen »Schriften«: den Lauftexten auf unseren Bildschirmen oder den Tags an unseren Häuserwänden.

Das Alphabet mit seinen Kombinationen von abstrakten Buchstaben wurde dagegen nur einmal erfunden, und zwar wieder in Nahost, um 1000 v. Chr. im Sinai. Die Phönizier kamen dann als Nächste.

Mit der Erfindung des Alphabets, das kürzer, effizienter und phonetischer ist, wurde das Abfassen von Nachrichten erheblich einfacher.

Die ersten Völker, die eine Schrift beherrschten, haben damit die Vorgeschichte verlassen und sind in die Geschichte eingetreten.

YVES COPPENS, 1934 geboren, zählt zu den großen Paläontologen der Gegenwart. Er war Professor am Collège de France und hat sich immer wieder auch an der paläontologischen Feldforschung beteiligt. So war er unter anderem Mitentdecker des berühmten Australopithecus-Mädchens Lucy.

SACHA GEPNER studierte an der Ecole Nationale des Arts Appliqués und verschiedenen anderen Hochschulen; er lebt als freier Künstler und Illustrator in Paris.

»Ein Kleinod und wunderbar illustriert.« 3sat

Die Geschichte der Affen ist über lange Zeit auch unsere, denn sie sind unsere nächsten Verwandten. In diesem Buch erzählt der große Paläontologe Yves Coppens, wie sich die heute lebenden Affen aus Vorfahren entwickelten, die noch Dinosauriern begegneten. Viele Millionen Jahre später kam es zu der Verzweigung am großen Stammbaum des Lebens, bei der sich Affen und Menschen trennten. Heute beherrscht der Mensch die Erde und ist zur Bedrohung für seine Verwandten geworden. Coppens' Buch ist auch ein Plädoyer dafür, sie zu schützen.

Yves Coppens
Die Geschichte der Affen
Mit Bildern von Sacha Gepner
56 Seiten. Gebunden

»Ein Buch, das Kinder nicht mit oberflächlichem Halbwissen abspeist.« SWR2

Irgendwann vor 8 bis 10 Millionen Jahren trennen sich die Stammbäume der Menschen und Affen und ihrer jeweiligen Vorfahren. Vor 3 Millionen Jahren tritt die Gattung Homo auf den Plan, der auch wir angehören. In diesem Buch erzählt der große Paläontologe Yves Coppens vom langen und abenteuerlichen Weg des Menschen aus der Vorgeschichte in die Geschichte. Er berichtet, wo und wie unsere Vorfahren lebten, wie sie wohnten, Werkzeuge und Waffen herstellten, sich ernährten und kleideten. Mit der Zielstrebigkeit von Forschern sammelten schon die frühen Menschen Erfahrungen und Wissen, in immer neuen, tastenden Versuchen verbesserten sie ihre Lebensbedingungen. Mögen uns auch unvorstellbar lange Zeiträume von ihnen trennen – wir erkennen uns in ihnen wieder.

Yves Coppens
Das Leben der frühen Menschen
Mit Bildern von Sacha Gepner
56 Seiten. Gebunden